Comptines & Berceuses Tsiganes

Collectage : Nathalie Soussana
Réalisation musicale : Jean-Christophe Hoarau
Illustrations : Nathalie Novi

Traductions :
Florica Courriol et Raluca Sechet (roumain), Bielka (russe),
Aurore Tirard (romani), Ibolya Virag (hongrois)

Didier Jeunesse
comptines du monde

sommaire

INTRODUCTION

Nane ćhave, nane baxt.
PAS D'ENFANTS, PAS DE BONHEUR.

Ma mar godi val te meres val te ʒives, maj feder te gilabes.
NE RÉFLÉCHIS PAS SI TU DOIS MOURIR OU VIVRE, MIEUX VAUT CHANTER.
(Proverbes roms)

Lorsqu'on parle des Roms, le cliché du tsigane, du bohémien, du « romanichel » n'est pas loin ! Mais qu'en est-il de la réalité de cette population marginalisée par nos sociétés, dont l'existence reste une conquête et la présence une tolérance ? Qui sont-ils ? Un peuple mythique dont le nom passe pour être synonyme de liberté ? On les surnomme « les fils du vent ». Pouchkine écrit en 1824 dans son poème *Les Tsiganes* : « Aleko, libre, insouciant, comme un Tsigane à l'aventure, prend sans regret les jours fuyants… », évoquant ainsi un esprit de liberté étranger à la mentalité du peuple russe. Mais c'est une question relative, subjective, relevant de l'imaginaire des Européens, car la vie des Roms est aussi organisée par des règles souvent plus pragmatiques que conventionnelles. Tout en s'intégrant généralement à la société dans laquelle ils vivaient – ils en adoptaient le plus souvent la langue, la religion… – les Roms n'ont pas systématiquement cherché à s'assimiler. Gardant leur langue et leur culture, ils manifestaient des modes de vie particuliers, décrits à l'identique dans tous les pays d'accueil, celui du voyage par exemple, forgeant ainsi à la fois le mythe du peuple libre, sans attache ni entrave, et celui moins glorieux du « mendiant, voleur de poules ». En réalité, on leur a reproché de survivre, envers et contre tout, dans leur identité fondamentale. Pourtant, ils n'étaient pas en dehors de la société mais à bien des égards et dans différents domaines, ils en étaient des éléments constitutifs et actifs, articulant le meilleur de leur tradition à celle des pays d'accueil.

SI TU NE SAIS PAS OÙ TU VAS, SOUVIENS-TOI D'OÙ TU VIENS.
(Proverbe rom)

L'histoire des Roms trouve son origine à Kânauj, au nord de l'Inde. Mahmud de Ghazni fonde l'empire Ghaznavid en 988, et décide de faire de sa capitale Ghazni (au sud de Kaboul) une cité éblouissante. Pour cela il a besoin d'esclaves, d'artistes et d'artisans qualifiés qu'il va chercher en Inde. Au cours de ses campagnes, Mahmud de Ghazni ramène de Kânauj des dizaines de milliers de prisonniers – hommes, femmes, enfants – dont certains seront vendus comme esclaves à des marchands du Khorossan (région située aujourd'hui dans le Nord-Est de l'Iran). Les Roms sont les descendants de cette population. Quelques années plus tard, les Seldjoukides (peuple nomade turc) prennent le pouvoir dans cette région et étendent leur empire jusqu'en Anatolie, emmenant avec eux des milliers de ces Roms indiens pour former le sultanat de Roum. C'est là, dans cet espace de coexistence de nombreux peuples, qu'ils ont intégré à leur langue des mots empruntés aux langues des populations locales : Persans, Arméniens et surtout Grecs. Le vocabulaire de base de cette langue appelée romani est commun à tous les Roms, le reste étant constitué de vocables issus des langues européennes de contact. Enrichi de ces apports divers, et soumis à l'existence de différents dialectes, le romani reste néanmoins une seule et même langue, permettant aux Roms de Russie, d'Albanie, de Grèce, de Roumanie ou d'ailleurs de communiquer entre eux.

Le mot « tsigane » provient du grec « athinganos », « non touchés », qui désignait une secte byzantine disparue au XIe siècle. Les membres de cette secte refusaient tout contact physique avec autrui, considéré comme impur. Les Byzantins prirent les premiers Roms pour un nouveau contingent de cette secte, et leur attribuèrent le nom d'*Atsinganos*. C'est à partir de ce nom qu'ils furent diversement appelés, selon la langue des pays d'accueil : *Zingari* en Italie, *Tsigani* dans les pays slavophones et en roumain, *Zigeuner* en allemand, *Ciġão* en portugais, *Cigains* en français, puis *Tsiganes*. Lorsque les Roms arrivent à Paris en 1427, ils se présentent comme Égyptiens, appellation sous laquelle s'était établi leur premier contact avec les Croisés, en 1099, lors de la prise de Jérusalem. Ce rapprochement est à l'origine du mot anglais *Gipsy* et de l'espagnol *Gitano*.

Le grand nombre d'appellations de ce peuple trahit en réalité la difficulté des Européens à le reconnaître comme tel. De nos jours, la confusion est totale pour un public non initié, qui pense que les Roms sont Roumains, les Tsiganes sont Russes, les Gitans sont Espagnols…

Qu'en est-il des intéressés eux-mêmes ? Pour la plupart, ils n'ont aucune difficulté à se mouvoir entre toutes ces appellations : ils sont *manouches*, *sinto*, *kalderash*, *lovara*, *cali*… dans la sphère privée et familiale, *roms* dans la sphère publique et politique. S'ils utilisent peu le mot *tsigane*, ils sont d'accord pour dire que ce mot doit rester dans la langue tant il est devenu populaire chez les *gadjés*, c'est-à-dire les non-Roms, notamment dans le domaine culturel et artistique. C'est la raison pour laquelle nous gardons ici cette dénomination.

Il est dommage que « romanichel » (*romani sél*) – qui signifie simplement « peuple rom » – ait pris une tonalité si négative, car c'est sans doute le mot le plus respectable de tous… Mais tous les groupes roms du monde emploient tout simplement le mot *rom*, « l'homme » ou « le mari », pour s'autodésigner. C'est ainsi que le premier congrès mondial de l'Union romani internationale, qui se réunit à Londres en 1971, choisit de les nommer officiellement, leur attribuant un hymne (*Gelem gelem*) et un drapeau : une roue rouge sur un fond bleu et vert. Le drapeau rom représente un peuple, et non un État avec des frontières définies. Son fond bleu symbolise le ciel, la liberté, la spiritualité ; le vert la nature, la terre, la fertilité et le matériel, tandis que la roue à seize rayons évoque à la fois le soleil, le voyage et le progrès. Cette roue s'inspire directement du drapeau indien, la *Charka*, rappelant ainsi les origines des Roms. Elle est rouge comme le sang versé lors des persécutions subies au cours des siècles.

Enfin, soulignons que l'expression « gens du voyage » ne recouvre aucune réalité ethnographique. C'est une terminologie administrative inventée par la France en 1969 pour désigner les Roms français vivant en caravane. Il a été inventé pour remplacer l'ancienne catégorie de nomades datant de 1912, sous laquelle des milliers d'entre eux ont été déportés pendant la Seconde Guerre mondiale. Pourtant, certains voyageurs ne sont pas tsiganes, et les Roms ne sont que rarement nomades, même si l'image de la roulotte est encore très présente dans l'imaginaire collectif. En réalité, à peine 4 % de la population globale des Roms (estimée à 12 millions à travers le monde) est nomade. À l'origine, ce nomadisme n'est pas culturel, mais répond à une nécessité : chassés de pays en pays presque partout en Europe de l'Ouest et du Nord, ils tentaient de fuir violences et discriminations avec l'espoir de trouver, ailleurs, un pays plus accueillant. Repoussés systématiquement, interdits de séjour dans les villes et les campagnes, les Roms d'Europe occidentale ont dû développer des moyens de subsistance adaptés à ces contraintes : travaux agricoles saisonniers, chaudronnerie, vannerie, voyance, petit commerce ambulant… Au niveau européen, ils sont donc aujourd'hui sédentaires à 96 %, mais restent un peuple dispersé, sans territoire compact, n'ayant jamais eu de revendications territoriales ; un peuple lié par une conscience identitaire, une origine, une culture et une langue communes. Ils sont environ 500 000 en France.

En ces temps troublés où l'on se méfie à nouveau de l'étranger, partir à la découverte de sa culture et de son imaginaire semble des plus salutaire. Le répertoire musical traditionnel qui l'accompagne encore aujourd'hui est un bon moyen de rendre à ceux qui sont souvent rejetés, méjugés, leur vrai visage, de leur donner la parole, une parole pleine de sagesse, de spontanéité et de liberté. Ces chansons nous parlent de leur histoire, de la dureté de leur quotidien, de leurs rêves et de leurs espoirs, vision d'humanité à la fois singulière et si proche de nous. En romani bien sûr, mais également en roumain, hongrois et russe, car tout Rom est fier de sa double culture : il a la nationalité de son pays de naissance ou de résidence, parle et chante en passant naturellement d'une langue à l'autre.

Par leur présence et leurs liens transnationaux, les Roms ne sont-ils pas finalement les pionniers d'une Europe future ? Suprême paradoxe, ces relégués prétendûment anachroniques vivent selon les valeurs de demain, comme l'ont souligné plusieurs écrivains sensibles à cette question, notamment Vaclav Havel ou Günter Grass. Au XVIIe siècle, le graveur Jacques Callot écrivit sur l'une de ses estampes qui inspira à Baudelaire son poème *Les Bohémiens en voyage* (*Les Fleurs du mal*) : « Ces pauvres gens pleins de bonadventures / Ne portent rien que des choses futures. »

Les Roms adaptent avec brio les musiques traditionnelles des pays traversés, réalisant un véritable métissage entre musiques hongroises, roumaines, russes, mais aussi grecques et turques. Ces berceuses, comptines, chansons à danser, invitent les gadjés que nous sommes à vivre l'instant « à la manière tsigane », simplement, intensément, joyeusement, dans la rencontre et le partage. C'est ainsi que j'ai reçu certaines des chansons que vous entendrez ici. Puissent ces quelques mélodies contribuer à porter un autre regard sur ceux qui, de tout temps, ont empli leurs violons de larmes et de rires.

Jekh taxtaj pani thaj jekh romani lahùta: matilăs o gaʒo.

UN VERRE D'EAU ET UN VIOLON TSIGANE : ET LE GADJO S'EST ENIVRÉ.

(Proverbe rom)

Nathalie Soussana

Transcription du romani

LETTRE	PRONONCIATION
c	**[ts]** comme dans « **ts**igane », « **ts**ar »
ć	**[tch]** comme dans « **tch**èque », « **Tch**ad »
ś	**[ch]** comme dans « **ch**at », « **ch**emise »
ź	**[j]** comme dans « **j**ournée », « **j**ouet »
ʒ	**[dj]** comme dans « **Dj**ibouti »
j	**[y]** comme dans « **y**aourt », « **y**oga »
x	**[h]** dur comme en allemand « *ach*tung », « Ba**ch** »
h	**[h]** aspiré comme en anglais « **H**amlet »
ph	**[p]** suivi d'une aspiration
th	**[t]** suivi d'une aspiration
kh	**[k]** suivi d'une aspiration
ćh	**[tch]** suivi d'une aspiration
r / rr	**[r]** roulé en italien « *Roma* », en espagnol « *Madrid* »
ǎ	**[ya]** comme dans « ma**ya** »
ě	**[yé]** comme dans « ma**illet** »
ǐ	**[yi]** comme dans « cue**illi**r »
ǒ	**[yo]** comme dans « ma**illo**t »
ǔ	**[you]** comme dans « **you**pi »
θ	**[d]** après un « n » **[t]** en toute autre position
q	**[g]** après un « n » **[k]** en toute autre position
ç	**[ts]** après un « n » **[s]** en toute autre position

Pour ne pas confondre les Rroms et les Roumains, il est d'usage d'écrire « rrom » avec deux « r » ; pour faciliter la lecture, nous avons choisi de n'en mettre qu'un seul.

L'accent grave sur une voyelle (à, è, ì, ò, ù) indique que celle-ci est prononcée accentuée. Les trémas sur une voyelle (ä, ë, ï) indiquent que la prononciation de celle-ci diffère de celle des autres dialectes (en général parce qu'elle est prononcée d'une manière similaire au « e » muet du français).

KHELES KHELES

HONGRIE · ROMANI CD1

Tunć akate, mori śukar cinni
Reste ici, ma jolie petite
Khel tu manqe sar e cingo Rromni
Danse pour moi comme une petite Rom
Khel tu manqe, ta gilăbar tu manqe (bis)
Danse et chante pour moi
Le but Rromen, tu kade dilăres
Les nombreux Roms, tu les rends fous ainsi

Ʒi tehàra kheles, mulatines
Tu danseras jusqu'au matin, tu t'amuseras
Le but Rromenqe vòja keres
Aux nombreux Roms tu feras plaisir
Kheles, kheles, le vastença baśaves (bis)
Tu danses, tu danses, tu joues avec les mains
Le but Rromen, tu kade dilăres
Les nombreux Roms, tu les rends fous ainsi

PAYS DANUBIENS ET BALKANIQUES

Paś-o panǒrri

RÉPUBLIQUE TCHÈQUE · ROMANI CD2

Paś-o panǒrri ćhajorri rromani
Au bord du ruisseau la petite fille rom
Me la igen kamav
Moi je l'aime beaucoup

Refrain
Joj màmo, joj màmo
Oh maman, oh maman
De man pani, màmo (bis)
Donne-moi de l'eau, maman
De man pani
Donne-moi de l'eau

Paś-o panǒrri beśèlas kòrkorri
Au bord du ruisseau elle était toute seule
Pre ma' uźarèlas
Elle m'attendait

Herdelezi

MACÉDOINE · ROMANI CD3

Herdelezi, Herdelezi!
Saint-Georges, Saint-Georges !
Sa o Rroma, daje
Tous les Roms, maman

Sa me amala hòro khelèna, hòro khelèna
Tous mes amis dansent le horo, dansent le horo
Dive kerèna
Ils font la fête

Refrain
Eh! Sa o Rroma, bàbo, bàbo
Eh ! Tous les Roms, papa, papa
Sa o Rroma, oh! daje
Tous les Roms, oh ! maman
Sa o Rroma, bàbo, bàbo
Tous les Roms, papa, papa
Eh! Herdelezi, Herdelezi!
Eh ! Saint-Georges, Saint-Georges !
Sa o Rroma, daje
Tous les Roms, maman

Alo talo daje
Il est arrivé, il est là, mère !
Amaro dive, amaro dive
Notre jour, notre jour
Herdelezi!
Saint-Georges !

Sa me amala e bakren ćhinen
Tous mes amis tuent le mouton
Eh! Me ćorrorro dural dikhàva
Eh ! Moi qui suis pauvre, je regarde de loin

Refrain

Sa me amala hòro khelèna, hòro khelèna
Tous mes amis dansent le horo, dansent le horo
Dive kerèna
Ils font la fête

Naj 'men bàbo, bàbo
Nous n'avons rien papa, papa
Amen sam ćorrorre
Nous, nous sommes pauvres
Sa o Rroma, daje, baxtale ʒiven
Tous les Roms, maman, vivent heureux

Śilali balval

RUSSIE · ROMANI ET RUSSE CD4

Śilali balval phurdèla
Il souffle un vent glacial
Rundă vŭga xaj paś-o kher-ne
La tempête hurlait près de la maison
Rrom kalo gelă pr-o tàrgo
Le Rom noir s'en alla au marché
Pr-o maro te doresel
Pour se procurer du pain

Rysilă o Rrom targosθär
Du marché il est revenu
Ni gasprin xaj na dorestiaqe
Pas un sou il n'a reçu
Pre vavir dives e sièmă
Jusqu'au lendemain, la famille
Bokhali sar i bèstia
Restera affamée comme une bête

A sutra-ta dětvara-ta
Au matin les enfants
Pa damam paśla klănćit xlěba
Sont allés mendier du pain
Sćem pajdŏś damoj Cïgan?
Comment rentreras-tu chez toi, Tsigane ?
Konj xramoj i pustoj karman
Le cheval boiteux et les poches vides
(bis)

Mikor kicsi gyerek voltam

Mikor kicsi gyerek voltam
Quand j'étais un jeune garçon
Kicsi zöld kalapot hordtam
Je portais un petit chapeau vert
Nem volt nékem semmi gondom
Je vivais sans souci
Szerencsés voltam és boldog
J'étais chanceux et heureux

Mikor a vásárba mentem
Je suis allé au marché
Kicsi zöld kalapot vettem
Acheter un petit chapeau vert
Kap kenyeret aki éhes
À ceux qui ont faim, on donne du pain
Légy szerencsés egészséges
Sois chanceux et porte-toi bien

Kanak sòmas terno ćhavo
Quand j'étais un jeune garçon
Phiràvas me zèleno kapàpo
Je portais un chapeau vert
Nas ma' bàjo, nas ma' khanći
Je n'avais nul souci, je n'avais rien
Baxtalo sòmas atunći
J'étais alors heureux

Kanak gitem and-o fòro
Quand je suis allé au marché
Kindem manqe zèleno kapàpo
Je me suis acheté un chapeau vert
Xutrel manro ko-j baxtalo
À celui qui est heureux, on donne du pain
T'avel sasto, ko-j baxtalo
Qu'il soit heureux et se porte bien

UŚTI, UŚTI, BÀBA

MACÉDOINE · ROMANI · CD6

Uśti, uśti, bàba!
Debout, debout, papa !
O davùlă maren
Les tambours résonnent
O davùlă maren, bàba!
Les tambours résonnent, papa !
Me phenăqe aven
Ils viennent pour ma sœur
(bis)

Uśti, bàba, uśti!
Debout, papa, debout !
O ćeìzi ikal
Sors la dot
O ćeìzi ikal, bàba!
Sors la dot, papa !
E naj-tiknorrăqe
Pour la plus petite
(bis)

ORIENTALES
SALZBOURG
Klagenfurt
Marmolada

HONGRIE · ROMANI CD7

Ah mori ćhej

(Paroles et musique : Joszef Balogh)

Buter kaj jekh berśesqi san, mori dràgo pìko ćhej
Tu as un peu plus d'un an, ma chère petite fille
Vorbis manqe kàki-kòki, mori dràgo pìko ćhej
Tu me parles comme ci comme ça, ma chère petite fille

Refrain
Ah mori ćhej, mori dràgo pìkonie (bis)
Ah, ma fille, ma chère petite fille

Kinav tuqe sumnakaj, mori dràgo pìko ćhej
Je t'achèterai de l'or, ma chère petite fille
La lumàqo sumnakaj, mori dràgo pìko ćhej
Tout l'or du monde, ma chère petite fille

Refrain

Aldiņ Devla mura ćha, mura cinna pìkonia
Dieu bénisse ma fille, ma petite fille
Mura cinna pìkonia, mura śukar Sàbina
Ma petite fille, ma belle Sabina

RUSSIE · ROMANI CD8

nane còxa

(Musique : Evguéni Doga)

Nane còxa, nane gad
Je n'ai pas de jupe, pas de chemise
Te kinel manqe o dad!
Que mon père m'en achète !
Sär vï-ʒàva pal-o rrom
Quand je me marierai
Te kinel manqe o rrom!
Que mon mari m'en achète !

Dade kin manqe ćenă
Père ! Achète-moi des boucles d'oreilles
Le ćenă sumnakune
Des boucles d'oreilles en or
Na kines manqe ćenă
Si tu ne m'achètes pas de boucles d'oreilles
Na beśava 'dr-o ćhaja
Je ne resterai pas parmi les jeunes filles

Za-gelŏma and-i bar
Je suis allée dans le jardin
Aźukar ma' śukar ćhav'!
Attends-moi, beau garçon !
Ćhute manqe luludĭ and-e mïrë bal kale
Mets une fleur dans mes cheveux noirs

I. Pelagosa (Autr.)
I. Pianosa (Ital.)
I. Tremiti
Termoli
Teste del Gargano
G. de Manfredonia
Barletta
Trani
Bisceglie
Molfetta
BARI
Corato
Terlizzi
Bitonto
Monopoli
Brindisi
Lecce
Otrante
Tarente
BASILICATE
Potenza
G. de Salerne
NAPLES
Golfe
MER
Canal d'Otra
Antivari
Skutari
SKUTARI
Dulcigno
Bᵉ du Drin
C. Rodoni
C. Pali
Durazzo
C. Laghi
C. Samana
Tirana
Elbassan
Berat
MONASTIR
YANINA

Gelem Gelem

ROMANI CD9

(Paroles : Žarko Jovanović)

Gelem gelem lùngone dromença
J'ai parcouru, parcouru de longs chemins
Maladilem baxtale Rromença
Et rencontré des Roms heureux

Aj, Rromalen! Aj, ćhavalen!
Ah, les Roms ! Ah, les enfants !

ʒav tar, ʒav tar lùngone dromença
Je m'en vais, m'en vais par de longs chemins
Maladilem baxtale Rromença
J'ai rencontré des Roms heureux

De man màmo panʒ mìe dolară
Donne-moi, maman, cinq mille dollars
Te lav manqe grast haj śalivară
Pour que je m'achète des chevaux et des rênes

Aj, Rromalen! Aj, ćhavalen!
Ah, les Roms ! Ah, les enfants !

ʒav tar, ʒav tar lùngone dromença
Je m'en vais, m'en vais par de longs chemins
Maladilem baxtale Rromença
J'ai rencontré des Roms heureux

LOLI PHABAJ

RUSSIE · ROMANI **CD10**

(Musique : Evguéni Doga)

And-o vurdon grùndos nane
Dans la roulotte il n'y a pas de plancher
Man piramni śukar nane
Je n'ai pas de jolie petite amie
Loli phabaj pre-ćhinav la
La pomme rouge, je la tranche
Hop hop hop!
Hop hop hop !
Jekh paś tuqe, jekh paś manqe
Une moitié pour toi, une moitié pour moi
Hop hop hop!
Hop hop hop !

Mândra

ROUMANIE · ROUMAIN CD11

Hai, Doamne şi-am să mor
Oh, mon Dieu, je vais mourir
Pă bratele cui mi-i dor!
Dans les bras de celle que j'aime tant !
Dulce mândră gura ta!
Douce est ta bouche, ô ma belle !
Au, lume mare
Oh, braves gens
Doamne, şi-am să mor, lume
Mon Dieu, je vais mourir
Pă bratele cui mi-i dor!
Dans les bras de celle que j'aime tant !
De pot sa ma stâng de dor
Je pourrais bien périr d'amour

Dar eu ţi-am zâs, mândruţa mea
Je t'avais bien dit, ma belle chérie
Să nu vii după mine
De ne pas venir me retrouver
Că te văd părinţi mei
Quand mes parents te verront
Să ceartă cu tine
Des noises ils te chercheront
Cum să nu viu badeo dupa tine
Comment ne pas venir, mon aimé
Ca eu mă omor de tine?
Alors que je meurs de toi ?

Da, eu mândruţă, umblu
Mais, moi, ma belle petite
Noaptea pe uliţă
J'erre la nuit dans les rues
Si cu lumea m-am certat
Et je me suis fâché avec tout le monde
Pentru-a ta guriţă
Pour ta jolie petite bouche
Geaba eşti o mândruţă frumoasă
Pas la peine d'être aussi belle
Da eşti tare păcătoasă!
Car tu es bien cruelle !

Hej! Szél fú

HONGRIE · HONGROIS CD12

Hej! Szél fú a hegy oldaláról
Hey ! Le vent souffle depuis la montagne
Messze fújt el jó anyámtól, jaj
Il m'a soufflé loin de ma bonne mère
Olyan messze fújt az attól
Le vent m'a soufflé aussi loin
Mint a föld a csillagoktól, jaj
Que la Terre est éloignée des étoiles

Hej! Megy a szekér, hosszú az út
Hey ! Le chariot roule, la route est longue
Villàmlik már Bihar alól, jaj
Des foudres éclatent déjà à Bihar
Hideg eső arcom mossa
Je n'ai personne pour le couvrir
Nincsen aki bétakarja, jaj
Une pluie froide mouille mon visage

NIE BUDITIE

RUSSIE · ROMANI ET RUSSE CD13

Oj, da nie buditie tumen man maladova
Ô, ne me réveillez pas, moi le tout-petit
Oj, da paka solnïška, Rromalen, nie vzajdŏt
Ô, les Roms ! Tant que le soleil ne se lève pas

Oh, Lŭba! Te lŭli ćaćo, da ne
Ô, Liouba ! Dodo, vrai ou pas
Oj, da paka solnïška, Rromalen, nie vzajdŏt
Ô, les Roms ! Tant que le soleil ne se lève pas

Oj, den-ti, den-ti sivonesqe vòlia
Ô, rendez, rendez donc la liberté au cheval gris
Jov bï vï-lïʒàjala p-e baxt p-e dòlia
Il vous conduira au bonheur et à la chance

Oh, Lŭba! Te lŭli ćaćo, da ne
Ô, Liouba ! Dodo, vrai ou pas
Jov bï vï-lïʒàjala p-e baxt p-e dòlia
Il vous conduira au bonheur et à la chance

Oj, za-xaćkiren-ti o lŭstre o jaga, o jaga
Ô, éteignez donc les lustres, les feux, les feux
Sobï ne zapaćekaj ćhavesqe te jakha
Pour ne pas éblouir tes yeux d'enfants

Oh, Lŭba! Te lŭli ćaćo, da ne
Ô, Liouba ! Dodo, vrai ou pas
Sobï ne zapaćekaj ćhavesqe te jakha
Pour ne pas éblouir tes yeux d'enfant

Oj, da nie buditie tumen man maladova
Ô, ne me réveillez pas, moi le tout-petit
Oj, da paka solnïška, Rromalen, nie vzajdŏt
Ô, les Roms ! Tant que le soleil ne se lève pas

Oh, Lŭba! Te lŭli ćaćo, da ne
Ô, Liouba ! Dodo, vrai ou pas
Oj, da paka solnïška, Rromalen, nie vzajdŏt
Ô, les Roms ! Tant que le soleil ne se lève pas
} **(bis)**

EUROPE CENTRALE
16
RUHR
DORTMUND
Praděd

Keren chavorrale drom

HONGRIE · ROMANI CD14

(Paroles : Joszef Balogh)

Keren chavorrale drom
Faites place les enfants
Te khelel o phuro Rrom
Pour que danse le vieux Rom
O phuro Rrom te khelel
Pour que danse le vieux Rom
Amari vòja kerel
Et nous fasse plaisir

Duj, duj, deśuduj
Deux, deux, douze
Ćumidav me laqo muj
J'embrasse sa bouche
Laqo muj si rupuno
Sa bouche est d'argent
Aj o ćhavo sumnakuno
Et le garçon est d'or

Oj! Te merav
Oh ! Que je meure
Te na ćaćimos phenav
Si je ne dis pas la vérité
Laqo muj si rupuno
Sa bouche est d'argent
Aj o ćhavo sumnakuno (bis)
Et le garçon est d'or

Lesqi karùćka

BULGARIE · ROMANI CD15

Lesqi karùćka, malele
Sa carriole, maman
Duj kolelença, malele
Avec deux roues, maman
Grasta ʒigididaj, ʒigididaj, ʒigididaj
Les chevaux font djigididaï, djigididaï, djigididaï

And-i karùćka me beśav
Dans la carriole je suis assise
Drom dromesθar me phirav
De chemin en chemin je vais
Grasta ʒigididaj, ʒigididaj, ʒigididaj
Les chevaux font djigididaï, djigididaï, djigididaï

Mi ćhaj

TURQUIE · ROMANI CD16

Mi ćhaj ki ka phurŏl
Ma fille va grandir
Rromes te lahurŏl
Prendre un mari
Paślŏ mi ćhaj, nenni
Allonge-toi ma fille, fais dodo

Parni mi ćhaj, nenni
Ma blanche fille, fais dodo
Parni rromni, mi ćhaj, nenni
Blanche femme, ma fille, fais dodo
Barŏ, rromni mi ćhaj, nenni
Deviens femme, ma fille, fais dodo

Le ćhavorre

HONGRIE · ROMANI ◎ **CD17**

(Paroles et musique : Zsigo Jenö)

Le ćhavorre naśkeren
Les enfants courent dans tous les sens
Le manuśa vorbinen
Les adultes bavardent
Taj p-amenθe pekel o kham
Et le soleil nous réchauffe
Save sa vòja asal
Tous ensemble, nous sommes heureux
Sogodi palal mukhlăm
Nous avons tout laissé derrière nous
Ke k-amenθe cirdel ilo
Pour aller là où nous porte le cœur
Ke k-amenθe śaj khelen
Parce que chez nous, nous pouvons danser

Taj ‘rakhadŏl nevo grùpa
Et il naît un nouveau groupe
Kaj e ćerhaj te kames
Où nous pouvons, si tu le veux
Amare vasteça ‘resas
De nos mains toucher l’étoile

Ke e vànda ‘menθe trubul
Il nous faut un toit
Te abŏl e lùma
Pour que resplendisse le monde
Amen te śaj abdŭvas amenθe
Pour que nous puissions resplendir nous aussi
Ke sarkonesqe te tatărel o kham
Parce que le soleil nous réchauffe tous

Há vótam én már mónár is

HONGRIE · HONGROIS CD18

Há vótam én már mónár is, mónár is
J'ai moi aussi été meunier, meunier
De még mónár legény is, legény is
Même garçon meunier, garçon meunier
Úgy öntöttem a vámot, a vámot
Je versais la farine pour la taxe, la taxe
Szidták öregapámat, apámat
On maudissait mon grand-père, mon père
Kifutott a derelye
Les ravioles ont débordé
Derelye egy nagy zsíros pendelybe, pendelybe
Les ravioles dans un jupon, un jupon
Utána a galuska
Les pâtes ont suivi
Galuska egy nagy zsíros fazukba, fazukba!
Les pâtes dans un pot, dans un pot!

ROUMANIE · ROMANI CD19

MAMALÌGA

Mamaliga brânzali
Polenta au fromage
Sar khelel e ʒuvali?
Comment danse la pouilleuse ?
Vaj mo! Ćhavale! Vaj mo! Rromale!
Ah ! Les enfants ! Ah ! Les Roms !
Vaj! Le ćhavença! Vaj! Le Rromença!
Ah ! Avec les enfants ! Ah ! Avec les Roms !

Mamaliga brânzali
Polenta au fromage
Sar khelel e ʒuvali?
Comment danse la pouilleuse ? (bis)
Vaj! Le ćhavença! Vaj! Le Rromença!
Ah ! Avec les enfants ! Ah ! Avec les Roms !

Sar khelel e kirvorri?
Comment danse la petite marraine ?
Te dikhen la dilorri
Pour qu'elle ait l'air d'une petite folle
Mamaliga brânzali
Polenta au fromage
Sar khelel e kirvorri?
Comment danse la petite marraine ?
Vaj! Le Rromença! Vaj! Le ćhavença!
Ah ! Avec les Roms ! Ah ! Avec les enfants !

Mamaliga thud śuklo
Polenta au yaourt
Sar khelel o kirvorro?
Comment danse le petit parrain ?
Vaj mo! Rromale! Vaj mo! Ćhavale! (bis)
Ah ! Les Roms ! Ah ! Les enfants !

Ʒav p-o drom lumă pućhel ma
Je vais sur le chemin, les gens me demandent
Sosθar gad kalo ćalŏl man
Pourquoi j'aime ma chemise noire
Man ćalŏl man gad kalo
J'aime ma chemise noire
Muro dad-i nasvalo
Mon père est malade
Vaj mo! Rromale! Vaj mo! Ćhavale! (bis)
Ah ! Les Roms ! Ah ! Les enfants !

ROUMANIE · ROUMAIN CD20

PINOCCHIO

Mă numesc Pinocchio
Je m'appelle Pinocchio
Şi am nasu' lung
Et j'ai un long nez
De-ai întind o mână
Même en allongeant le bras
Nu pot să-l ajung
Je ne peux pas le toucher

Refrain
Hei duri-duri, hei duri-da
Hey duri-duri, hey duri-da
Hei duri-duri, nasu' cu belea!
Hey duri-duri, quelle plaie que ce nez !

Când dă câte-o domnişoară
Lorsqu'une demoiselle parfois
S-a uitat la nasu' meu
Mon nez elle aperçoit
Şi-a picat în lada
Elle tombe sur le dos

Refrain

Io am fost la operă
Je suis allé à l'opéra
Cu a mea mătuşă
Avec ma tante
Din cauza nasului
Et à cause de mon nez
Am rămas în uşă!
À la porte je suis resté !

ROUMANIE · ROUMAIN · CD21

Leagănă-te ca frunza

Leagănă-te, leagănă
Tremble, tremble
Leagănă-te ca frunza, mă' (bis)
Tremble comme la feuille
Că copii plec din ţară (bis)
Car les petits quittent le pays
Au, au, au, inima mea
Aïe, aïe, aïe, mon pauvre cœur
De-o fost bună de-o fost rea
Qu'il ait été bon ou mauvais

Îm petrec lumea cu ea, lume!
Je vis avec dans ce monde, oh !
Ce e-n lume lăcomos?
Qu'est-ce qui fait le plus envie au monde ?
Banu si omu frumos, mă! (bis)
L'argent et l'homme beau, oh !
Ce e-n lume sa mai fie
Qu'est-ce qu'on peut encore espérer
Cu doi fraţi la puşcărie? (bis)
Avec deux frères emprisonnés ?

zèleno urdon

RUSSIE · ROMANI CD22

Ne! Tu mro zèleno urdon urdon!
Eh ! Toi ma roulotte, roulotte verte !
Jov pro laćho štèto terdo
Elle est dans un très bel endroit

Aj! Tu mri terni, terni ćhajorri
Ah ! Toi ma petite, ma petite fille
Haj ʒa-ka ćhiv-ka gresqe ʒovorri
Va, va donc donner au cheval un peu d'avoine

Aj! Tu na san-źe raj baro
Ah ! Tu n'es pas un grand seigneur
Aj! Tu ćhivèsa gresqe kòrkorro
Ah ! Donne toi-même l'avoine au cheval

Ne! Tu mro zèleno urdon!
Eh ! Toi ma roulotte verte !
Jov pro laćho štèto terdo (bis)
Elle est dans un très bel endroit
Jov somnakaça ob-mardo
Elle est toute recouverte d'or

SLOVAQUIE · ROMANI CD23

Me tut na kamav

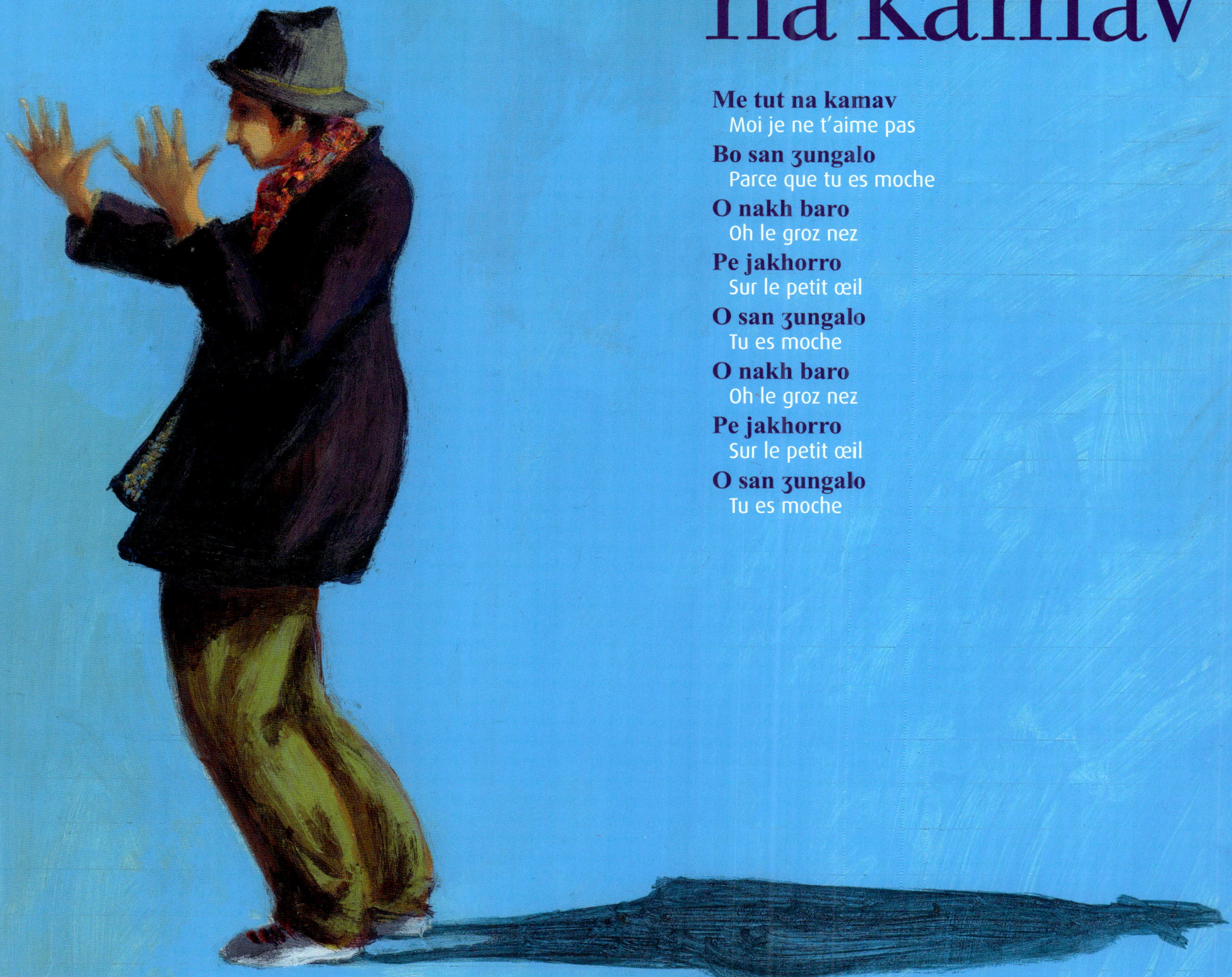

Me tut na kamav
Moi je ne t'aime pas
Bo san ʒungalo
Parce que tu es moche
O nakh baro
Oh le groz nez
Pe jakhorro
Sur le petit œil
O san ʒungalo
Tu es moche
O nakh baro
Oh le groz nez
Pe jakhorro
Sur le petit œil
O san ʒungalo
Tu es moche

EU BIBOC

Refrain

Eu Biboc, eu Biboc
Moi Biboc, moi Biboc
Stau țărănci lângă foc
Il y a des paysannes près du feu
Dar și joacă țărăncile
Mais il y en a qui dansent aussi
De le doare fustele!
À en avoir mal aux jupons !
Ʒa khere, ʒa khere
Va à la maison, va à la maison
Te ïngrïźin de te ćhave
Prends soin de tes enfants
Ta ćhingar manqe xurdorres
Et fais-moi de petits pas
Kë ćalŏl man sar kheles
Parce que j'aime comme tu danses

Na uśten mo
Ne vous levez pas les amis
Na uśten mo po punro
Ne vous levez pas sur vos pieds

Ta ćhingar manqe xurdorres
Et fais-moi de petits pas
Kë ćalŏl man sar kheles
Parce que j'aime comme tu danses

Refrain

Ta na uśten mo po punro
Ne vous levez pas sur vos pieds
Ke ćalŏl man o ćaćimo
Parce que j'aime la vérité

Haide!
Allez !

commentaires

Nathalie Soussana

La magie du répertoire tsigane tient d'une alchimie entre urgence, appétit de vie et joie d'un côté, et inconsolable tristesse, lamentation et douleur de l'autre. Les enfants tsiganes sont dépositaires d'une culture où le nomadisme reste un état d'esprit (n'impliquant pas nécessairement une réalité de voyage), la famille l'unité de base sociale, économique et éducative, et la solidarité une valeur essentielle à la survie. L'objectif de l'éducation tsigane est de faire saisir à l'enfant l'importance du groupe et sa primauté sur l'individu. Intégré très jeune à la vie du groupe, l'enfant en reproduit les mécanismes jusque dans ses jeux et ses pratiques musicales.

Qu'en est-il alors de ces berceuses, comptines, formulettes… qui disent avec simplicité, humour et un grand pouvoir d'évocation l'imaginaire enfantin ? Ce répertoire spécifique n'existe pas vraiment chez les Tsiganes, mis à part les berceuses telles *Nie buditie*, *Le ćhavorre* et *Mi ćhaj*. Les rondes des cours de récréation, lorsque les enfants sont scolarisés, sont celles des pays d'accueil, comme le *Pinocchio* roumain par exemple. Pas de jeux de doigts ni de chatouilles répertoriés et connus de tous, mais plutôt des chansons du quotidien, chansons à danser, lamentations… qui naissent la plupart du temps d'improvisations de circonstances. Elles peuvent aussi être humoristiques, telles *Me tut na kamav* ou *Há vótam én már mónár is*.

Ces chansons traditionnelles racontent l'histoire d'un peuple, souvent tragique mais pleine de rêves et d'espoir. Les enfants se les approprient pour s'inscrire ainsi dans une histoire commune intergénérationnelle. Partagées par tous, elles ont l'art de dire la réalité d'une vie souvent précaire, avec légèreté et vivacité.

p. 8 / CD1
romani

Kheles, Kheles

Violon, cymbalum, accordéon, contrebasse, guitare, cuillères

Cette chanson à danser vient de la région de Nyìrség, au nord-est de la Hongrie, aux portes de l'Ukraine et de la Roumanie. Les Tsiganes représentent 7 à 10 % de la population en Hongrie, constituant la principale minorité, et sont très implantés à l'Est.

Comme dans d'autres communautés tsiganes, on y distingue deux types de musiciens : les musiciens amateurs qui jouent pour leur plaisir et pour leurs proches, et les professionnels, sollicités pour les fêtes (pas de noces ou de baptêmes sans un orchestre tsigane !). Le plus souvent, ils jouent pour des non-Tsiganes, et sont rémunérés. En roumain, on les appelle des *lautaris*, et plus généralement en romani des *basabghiarea*. Les musiciens amateurs utilisent un « parler vrai », une référence au vécu et au quotidien. Leur instrument traditionnel est la voix, à laquelle ils ajoutent des ustensiles ménagers : cruche en fer, pétrin ou, comme ici, les cuillères en bois. C'est toute leur énergie, leur joie de vivre et leur liberté d'action qui s'expriment par le chant, la danse et la musique.

Paś-o Panǒrri

Guitare, basse, darbouka, cajon

p. 11 / CD2
romani

Manifestation d'une poésie traditionnelle, récurrente dans ses thèmes tout comme dans ses métaphores, l'eau apparaît fortement symbolique : on va à la rivière ou à la fontaine non seulement pour chercher de l'eau, laver son linge ou se baigner, mais également pour y trouver l'amour ! La présence du personnage de la mère, dans ces courtes strophes, suggère aussi le registre amoureux : *Donne-moi de l'eau, maman* signifierait « Maman, donne-moi ta bénédiction ».

Cette chanson fut popularisée par Vera Bila et son groupe Kale, originaires de Rokycany, petite ville de Bohême à forte population tsigane. Vera Bila chante depuis qu'elle est toute petite et accompagnait vocalement son père, violoniste et leader d'un orchestre de cymbalum. Elle ne cesse de perpétuer la tradition, colportant les centaines de rengaines qu'elle connaît ou compose. « Au début, dit-elle, on chantait la tradition tsigane. Aujourd'hui, nous avons absorbé inconsciemment tout ce que nous avons entendu et cela a abouti à un mélange.

Si ça ressemble à de la musique brésilienne, c'est une coïncidence ! » On retrouve cependant cette tendance *world music* dans d'autres musiques nomades, telles que le *klezmer*. C'est sans doute ce qui leur donne leur incomparable richesse et leur vitalité.

p. 12 / CD3
romani

Herdelezi

Accordéon, contrebasse, guitare

Herdelezi est une chanson immémoriale traditionnellement chantée le jour de la Saint-Georges. Chez les Roms de Turquie, de Macédoine et des Balkans, la fête a lieu le 6 mai. Elle a pour origine une fête turque pré-islamique, *Hıdırellez*, célébrant l'arrivée du printemps, et doit son nom aux prophètes Hizir, protecteur des plantes et des gens pauvres, et Ilyas, protecteur des eaux et des animaux.

Cette fête s'est répandue sous différentes appellations : *Ederlezi*, *Erdelezi*, *Hedrelezi*. Les Slaves des Balkans y ont ajouté la dimension chrétienne du jour de la Saint-Georges. *Herdelezi* est la fête de tous les Roms (*Sa o Roma*), qu'ils soient chrétiens ou musulmans. Selon les croyances anatoliennes, Hizir et Ilyas, ayant bu l'eau de l'immortalité, se seraient fait la promesse de se retrouver chaque nuit précédant le 6 mai pour redonner vie à la nature. La croyance populaire veut que les vœux formulés cette nuit-là soient exaucés. Certains mettent une pièce dans un tissu rouge et l'accrochent à une rose. Au matin, la pièce est remise dans le porte-monnaie, gage d'abondance. Aujourd'hui, cette fête est surtout l'occasion de grands pique-niques dans la nature, de chansons et de danses comme le *horo*, dont il est question ici. Le horo désigne une danse collective, typique des folklores bulgare, macédonien et grec. Il en existe de nombreuses sortes, certaines étant mixtes, d'autres réservées aux hommes ou encore consacrées à des cérémonies particulières. Lorsque des femmes y prennent part, leurs pas sont toujours moins spectaculaires et elles sont généralement placées en retrait. C'est un reste de tradition patriarcale, et rappelle qu'autrefois, il était considéré comme incorrect que des hommes et des femmes se tiennent la main pour danser. Lorsque le horo est dansé en ligne, le conducteur, placé sur un côté, agite souvent des ficelles ou un mouchoir, qu'il partage avec la conductrice de la ligne féminine s'il y en a une. On retrouve cette chanson dans le film de Goran Bregović *Le Temps des Gitans*.

p. 14 / CD4
romani et russe

Šilali Balval

Accordéon, contrebasse, guitare

Cette berceuse raconte les conditions de vie misérables d'un Rom revenu du marché sans nourriture, dont les enfants seront contraints, pour survivre, d'aller mendier dans la froideur de l'hiver russe. La berceuse est ici l'expression privilégiée de récits de vie.

Dans ce moment d'intimité, l'adulte, tout en berçant l'enfant, se laisse aller à conter ses malheurs, et nous rappelle que les Roms vivent pour beaucoup dans des conditions de grande précarité, et même en-dessous du seuil de pauvreté pour 70 à 80 % d'entre eux. Les discriminations dont ils ont souffert et souffrent encore aujourd'hui, leur faible niveau de formation (beaucoup sont analphabètes et dépendent de bonnes volontés pour remplir leurs papiers, lire les noms des rues...) ont rendu l'accès aux soins et au travail difficile, et il ne leur reste bien souvent que la mendicité pour survivre.

Mikor kicsi gyerek voltam

p. 16 / CD5
hongrois et romani

Cymbalum, accordéon, contrebasse, guitare, cuillères

Voici une comptine en forme de jeu : « Je me souviens... quand j'étais petit », qui ose dire les angoisses et les désirs refoulés, sans doute pour les apprivoiser. L'enfant prête aux objets et aux mots des pouvoirs magiques : ici, le petit chapeau vert fait office de porte-bonheur, comme le chapeau rose de Mimi dans *La Bohême* de Giacomo Puccini. Cette croyance va aider l'enfant à grandir, préservant les rêves d'une époque où tout allait bien, où le pain et la chance ne manquaient pas. On retrouve l'injonction finale *Ko-j baxtalo* (« Sois heureux ») dans nombre de chansons tsiganes (dans *Herdelezi*, par exemple).

Qu'est-ce donc qu'être *baxtalo* ? Ce n'est pas gagner au loto ! La chance des Roms ne laisse pas place au hasard, elle est une qualité qui doit s'exprimer. Le mérite d'un Rom est ainsi de faire preuve de sa chance au quotidien. La *baxt* permet de réussir dans les activités économiques, d'avoir une belle famille en bonne santé, elle gouverne la réalisation des ambitions grandes ou petites. Cette chance n'est que la récompense d'une attitude judicieuse. Et si la roue de la fortune peut tourner avec ses hauts et ses bas, un Rom ne cesse pas d'être intrinsèquement *baxtale*, comme si cette chance était transmise de génération en génération.

Uśti, uśti, bàba

p. 19 / CD6
romani

Accordéon, oud, guitare, basses, percussions

On chante cette chanson traditionnelle de Macédoine lors de la cérémonie de mariage, lorsque la dot de la mariée sort de la maison familiale pour rejoindre celle du futur couple. Elle s'accompagne d'une danse (*çoçek*), à l'origine jouée par les fanfares militaires ottomanes, qui l'ont répandue en Serbie, Bulgarie, Macédoine et Roumanie. Cette danse, préservée principalement par les Roms, s'exécute en pantalon bouffant avec un foulard à sequins sur les hanches et sur la tête.

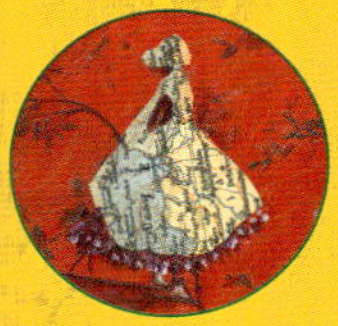

p. 21 / CD7
romani

Ah mori ćhej

Violon, contrebasse, guitare, percussions

Joszef Balogh a écrit cette jolie berceuse hongroise pour sa fille Sabina. Balogh fait partie du groupe tsigane Kalyi Jag, fondé à Budapest. Leur musique, basée sur la musique traditionnelle rom, modernise les interprétations, témoignant ainsi de l'évolution de la musique tsigane d'aujourd'hui. Le dernier couplet nous rappelle l'importance du sentiment religieux.

Les Roms ont souvent adopté la religion dominante du pays où ils se trouvaient, gardant toutefois leur système spécial de croyances et leur goût du surnaturel. Pour la plupart, ils sont catholiques, protestants, orthodoxes ou musulmans. Après la Seconde Guerre mondiale, cherchant à échapper à une identité plutôt figée dans un folklore passéiste, certains d'entre eux proclament et défendent leur existence et leur culture à travers des mouvements religieux pentecôtistes et évangéliques. C'est le cas en France par exemple, et pour la première fois, certains s'engagent comme chefs religieux en créant leurs propres Églises et organisations missionnaires.

p. 22 / CD8
romani

Nane còxa

Violon, cymbalum, contrebasse, guitare

Cette chanson est extraite du film *Les Tsiganes montent au ciel*, réalisé par Emil Loteanu en 1976, d'après un récit de Maxime Gorki, *Macare Tchudra*. Evguéni Doga en compose la musique, et en particulier cette très belle chanson qui deviendra un classique du répertoire tsigane actuel.

Le premier couplet nous renseigne sur les traditions matrimoniales. Le mariage, endogamique, est célébré aussitôt que possible, quinze ou seize ans pour les filles; seize ou dix-sept ans pour les garçons. Il est la seule issue pour une jeune fille dont le mari sera le gage d'une vie confortable. Les filles passent alors de la tutelle paternelle à celle du mari. Le mariage, scellé par la communauté, sans qu'un office civil en mairie ne le légitime, a statut de contrat social. C'est un engagement oral, une parole d'honneur. Il est décidé et arrangé (dans son aspect financier) par les pères. Le mariage est toujours l'occasion d'une grande fête, et la mariée est parée comme une reine. Le groupe Bratsch a enregistré une très belle version de cette chanson dans son album *Transports en commun*.

p. 25 / CD9
romani

Gelem gelem

Accordéon, percussions

Gelem gelem est devenue l'hymne officiel de la population rom lors du premier congrès mondial romani à Londres, en 1971. Si la mélodie est traditionnelle, le poème, lui, est écrit par Žarko Jovanović, né en 1925 en ex-Yougoslavie. La déportation de sa famille à Auschwitz inspira sans doute ce texte tragique : *Vi man sas ek bari familiya, Murdadas la e kali legiya* (« J'avais jadis une grande famille, les légions noires la tuèrent »), nous rappelant ainsi le lourd tribut payé par la population tsigane pendant la Seconde Guerre mondiale. Une fois devenu hymne officiel, le chant connut un succès rapide. Il fut repris par des artistes de renom tels que Šaban Bajramović ou Esma Redzepova, et figure dans la bande originale de films comme *Gadjo dilo* de Tony Gatlif.

En pratique, *Gelem gelem* oscille entre l'emblème et la chanson populaire, que chacun aménage à sa guise, jusqu'à la rendre méconnaissable parfois. Il est rare en effet d'entendre la version de Žarko Jovanović, les interprètes n'en retenant généralement que le début. Ils brodent ensuite selon l'inspiration et les préoccupations du moment, n'hésitant pas à y ajouter une note autant économique qu'humoristique, comme ici l'allusion aux dollars ! Les Tsiganes ont un goût certain pour les chants tristes, mais les malheurs subits pendant la dernière guerre ne font pas partie de leur répertoire habituel. Leurs thèmes de prédilection sont plutôt l'amour contrarié, la malchance, la misère… Une manière de vivre toujours le présent, et comme le symbolise la roue de leur drapeau, de rester dans le mouvement et le progrès. On entend ici l'accordéon à clavier du Serbe tsigane Jasko Ramic. Musicien de fêtes populaires mais aussi soliste reconnu, il conjugue vitesse d'exécution et improvisations ponctuées de trilles et d'appoggiatures, dans un style spécifique à la musique tsigane.

Loli phabaj

Violon, contrebasse, guitare

p. 26 / CD10
romani

Voici une chanson tsigane de la région subcarpathique à l'ouest de la Russie, elle aussi extraite du film d'Emil Loteanu *Les Tsiganes montent au ciel*. Les paroles font écho à un style répandu dans les campagnes de toute la Russie, les *tchastouchki* (refrains humoristiques), fruits d'improvisations spontanées.

La pomme est ici le symbole de la jeunesse, de la bonne santé. *Loli phabaj* est un terme romani que l'on retrouve en anglais sous les formes *lollipop* ou *lollypop* et qui désigne les pommes d'amour couvertes de sucre rouge vendues sur les foires, souvent par des Roms.

Mândra

Violon, cymbalum, contrebasse, guitare

p. 29 / CD11
roumain

Mândra est une *doïna*, une chanson d'amour nostalgique du répertoire traditionnel roumain. Elle évoque une société rurale patriarcale qui impose le choix du futur ou de la future épouse. Choisir un amoureux qui ne conviendrait pas aux familles, c'est s'exposer aux disputes, aux menaces, parfois aux réconciliations, mais le plus souvent à la fuite. Cette chanson témoigne de la résistance des plus jeunes, confrontés aux pratiques ancestrales. Tel un barde, l'interprète se fait ici le témoin de cette histoire d'amour impossible. On pourrait qualifier le style de l'interprétation de blues à la roumaine, qui trouverait sa source dans la souffrance de l'absence, dans le manque et la cruauté du destin.

Elle n'appartient pas au répertoire enfantin, mais ce type de chanson, très prisé des Roumains, fait aujourd'hui partie intégrante du répertoire rom, et nous rappelle l'importance de leur double culture. Elle est accompagnée par le cymbalum, *tambal* en Roumanie, appelé aussi le « piano tsigane ». Cet instrument, dont l'origine remonte au santour perse vers le XIIe siècle, fut certainement apporté par l'avancée de l'Empire ottoman accompagné de sa musique savante, ainsi que par les cymbalistes tsiganes et la diaspora juive. Le terme cymbalum n'apparaît, lui, qu'au XVe siècle. Formé d'une caisse de résonance en bois en forme de trapèze sur laquelle reposent des séries de chevalets (soudés généralement), il est serti de cinquante à cent cordes métalliques, frappées à l'aide de petits marteaux ou mailloches tenus entre les doigts.

p. 31 / CD12
hongrois

Hej! Szél fú

Accordéon, guitare

Dans cette berceuse déchirante, la mère évoque sa séparation d'avec sa propre mère, qui l'a laissée sans protection. Ainsi, la berceuse se présente comme un moyen de réflexion pour l'adulte qui songe à son passé et elle assure une double fonction : en s'efforçant de calmer son bébé, la mère cherche à se libérer de sa propre douleur. Le pays de Bihar d'où arrive l'orage (comitat de Bihar, qu'on pourrait traduire en français par département et qui correspond en Hongrie à une subdivision politique intermédiaire entre l'État et les localités) est un ancien comté du royaume de Hongrie, situé en Transylvanie. Son chef-lieu était la ville de Nagyvárad, aujourd'hui Oradea, en Roumanie.

p. 33 / CD13
romani et russe

Nie buditie

Violon, accordéon, contrebasse, guitare

Cette très belle berceuse, connue et chantée partout en Russie, est considérée comme l'hymne des Roms de Russie. Ici, la langue est particulièrement truffée de mots à consonance russe. Cette berceuse est tirée du répertoire du Théâtre Romen de Moscou, qui contribua à faire connaître un grand nombre de chansons composées pour les besoins de pièces de théâtre par des auteurs roms. Le Studio Indo-Rom est fondé en 1931 par Egor Poliakov et Lialia Tchiornaya, et officiellement inauguré à Moscou. Au bout d'un mois, le studio présente ses premiers travaux et crée sa première comédie musicale dramatique, *La Vie sur des roues*, basée sur un texte de l'auteur rom Alexandre Germano. À la suite de cette représentation, le Studio est renommé Théâtre Romen. Ce sera, pour longtemps, le seul théâtre tsigane du monde.

Keren chavorrale drom

p. 35 / CD14
romani

Accordéon, contrebasse, guitare

Voici une chanson à danser hongroise, connue également sous le titre *Keren chave*. Elle vient du comté de Szatmár, une région du Nyírség à la pointe nord-est de la Hongrie, qui fut pendant des siècles un désert de dunes et de marais. Popularisée par le groupe Kalyi Jag, avec un texte signé Joszef Balogh, elle connut par la suite de nombreuses reprises. On la retrouve également dans le film *Latcho drom* de Tony Gatlif, chantée par une enfant.

Lesqi karùćka

p. 37 / CD15
romani

Violon, mandole, basse, percussions

On chantait cette petite comptine pour accompagner le cheminement des familles tsiganes de Bulgarie. Le rythme des paroles, évoquant le pas des chevaux, alterne avec les onomatopées *djigididaï, djigididaï* qui donnent à entendre le bruit des sabots au galop. Un dicton hongrois dit : « Un Tsigane sans cheval n'est pas un vrai Tsigane. » Le cheval a toujours fait partie de la famille, c'est lui qui tirait la roulotte de son pas lourd et familier. Et de fait, les maquignons tsiganes se sont taillé une belle réputation. Maîtrisant une certaine pratique vétérinaire, ces dompteurs « savaient parler à l'oreille des chevaux ». Cette comptine fait également penser à une trotteuse, jeu sensori-moteur universel qui fait découvrir l'espace à l'enfant et développe son équilibre. Assis sur les genoux de l'adulte qui le tient fermement, l'enfant devient ainsi le cavalier d'une carriole qui l'entraîne dans un mouvement saccadé, lui apportant des sensations fortes dont il raffole.

Mi ćhaj

p. 37 / CD16
romani

Oud, percussions

Les Tsiganes turcs sont essentiellement installés autour des grandes villes comme Istanbul, Izmir, Edirne, Ankara… et leur langue est le *çingenece*, romani de Turquie, langue de cette très belle berceuse. Ici, l'occasion du rituel de l'endormissement permet d'évoquer le cycle de la vie, et le rôle de la future femme dans la société : l'enfant va grandir, se marier et donner naissance à son tour, une évocation présente dans les cultures du monde entier. Citons sur la même thématique la berceuse créole *Dodo fillette* : « Dodo fillette, endormez-moi mon enfant jusqu'à l'âge de quinze ans, quand quinze ans auront sonné, il faudra la marier. » On en trouve des variantes dans plusieurs régions de France : *Dodo Béline*, *Néné petite*, *Dodo petite*…

p. 38 / CD17
romani

Le ćhavorre

Violon, accordéon

On doit cette berceuse très connue en Hongrie au compositeur, pédagogue et sociologue Zsigo Jenö. Les enfants ont toujours été au centre de sa création et de son action. Son inébranlable combat pour redonner une dignité à son peuple, à travers la scolarisation des enfants et leur éducation artistique, donnera lieu en 1984 à la création du groupe Ando Drom (« Sur la route »), qui réunit des enfants issus de différents groupes tsiganes. Ando Drom sera immédiatement plébiscité, d'abord dans la communauté rom, puis dans toute la Hongrie. *Le ćhavorre* est chantée en lovari. Le romani est divisé en trois dialectes : le kalderash, le lovari et le tchourari. Parmi les Tsiganes hongrois, 80 % environ ne parlent que le hongrois. Ce sont les *Rumungre* ou *Magyarcigány*. Issus de la première vague d'immigration (XIVe siècle), certains, passés par les conservatoires, sont devenus musiciens professionnels. Leurs descendants jouent encore un rôle important dans la musique tsigane hongroise (familles Nemeth, Lakatos, etc.). Les autres, désignés par le terme hongrois *Oláhcigány*, parlent pour la plupart le lovari et sont issus de la seconde vague d'immigration, au moment de l'abolition de l'esclavage dans les provinces roumaines. Parmi eux, des chanteurs non professionnels, les *Olah*, se sont installés dans les faubourgs des grandes villes et travaillent soit sur les marchés soit en usines. Ils s'accompagnent d'une guitare ou d'une mandoline, de bidons de lait et de cuillères en bois. De plus en plus de Tsiganes musiciens issus de la première vague d'immigration rejoignent ces chanteurs pour différentes occasions, concerts ou enregistrements.

Ici, l'introduction au violon est jouée à la manière classique des *Rumungre*, en doubles cordes, et le chant est interprété à la manière des *Olah*.

p. 40 / CD18
hongrois

Há vótam én már mónár is

Contrebasse, guitare, percussions

Vers le début du XIe siècle, les moulins appartenaient aux seigneurs, qui obligeaient leurs sujets à venir y moudre leur grain en contrepartie du paiement d'une taxe appelée « droit de mouture ». Cette taxe très impopulaire, perçue par le meunier, pouvait aller jusqu'à un dixième des céréales. La charge de meunier se transmettait de père en fils. La seconde partie de cette comptine de métier joue l'humour et le non-sens, elle décrit une situation farfelue dont les enfants raffolent : des ravioles débordent dans un jupon, tandis que les pâtes finissent dans un pot ! Ici, seule la sonorité des mots, des rimes comptent ; la musique des sons procure amusement et plaisir. On retrouve également une spécificité de la musique hongroise traditionnelle : imitation des basses avec la bouche ; roulements, onomatopées et bruitages effectués avec le nez et la gorge.

p. 43 / CD19
romani

Mamaliga

Violon, cymbalum, accordéon, contrebasse, guitare

Très populaire en Roumanie, cette chanson, que l'on retrouve dans le film de Tony Gatlif *Transylvania*, fait référence à la cuisine roumaine. La *mamaliga* (littéralement bouillie de semoule de maïs) est un plat traditionnel à base de maïs jaune, l'équivalent de la polenta italienne. Historiquement, c'est un plat rural qui servait souvent de substitut au pain, voire d'aliment de base dans les régions les plus pauvres. La mamaliga est associée ici au *brânzali*, fromage fermenté de brebis. Jules Verne y fait allusion dans son roman *Le Château des Carpathes* : « À ceux-ci, Jonas *[propriétaire d'une auberge en Transylvanie]* offrait cette sorte de bouillie ou gâteau de maïs, connue sous le nom de mamaliga, qui n'est point désagréable, quand on l'imbibe de lait fraîchement tiré. » Cette chanson accompagne les banquets, fêtes de famille, mariages et surtout baptêmes, comme en témoigne ici la référence aux *kirvorro* et *kirvorri*, les parrains et marraines. Le baptême est un moment fort dans la vie des Tsiganes, car il permet de donner à l'enfant son *romanolap*, son nom tsigane, véritable passeport intérieur. Mais la plupart du temps, on baptisera un enfant afin de le mettre entre les mains de Dieu.

Cette chanson à danser donne lieu souvent à des versions improvisées, facétieuses, et même parfois grivoises ! Les chanteurs s'attachent davantage à la sonorité des rimes, des rythmes, qu'au sens littéral. C'est le cas dans cette version, où l'interprète fait rimer *brânzali* (le fromage) avec *uvali* (la pouilleuse), ou encore *gad kalo* (la chemise noire) avec *nasvalo* (malade), travaillant ainsi à l'alliance insolite du langage et des secrets de l'âme.

p. 44 / CD20
roumain

Pinocchio

Violon, guitare

Cette comptine enfantine fait allusion au célèbre personnage de Pinocchio. « Il était une fois un morceau de bois… », ainsi commence l'histoire. Cette comptine n'appartient pas à proprement parler au répertoire tsigane, pourtant, l'enfant qui chante ici la doit à la double culture (tsigane et roumaine) de sa grand-mère. Peut-être est-elle restée dans l'univers familial parce qu'elle fait écho à la dure réalité de vivre différemment. Les enfants peuvent s'identifier à ce personnage rejeté à cause de sa différence.

p. 46 / CD21
roumain

Leagănă-te ca frunza

Cymbalum

Dans l'esprit d'une *doïna*, voici une berceuse originaire de Transylvanie. Variantes mélodiques, ornements vocaux, modifications du texte et ajouts improvisés en font une version propre à l'interprète, qui réinvente la tradition en fonction de l'inspiration et de la réalité du moment (les frères en prison ne sont sans doute pas une vue de l'esprit !). Étrange pour une berceuse ? Mais bercer l'enfant est un moment d'intimité propice à l'expression personnelle, à l'épanchement du cœur et de l'âme. Lorsque je demandai si cette berceuse était très répandue en Roumanie, on me répondit : « Chacun la chante à sa façon, selon son cœur et ses souvenirs. » Nous sommes dans l'instantanéité : sur une mélodie populaire, les paroles inventées évoquent les difficultés de la vie. On retrouve ce type de lamentation dans d'autres traditions musicales. Citons par exemple la berceuse kurde *Lôri* : « Mon fils est blessé, la mère est pauvre, elle a faim et soif, la tendre mère est résignée... »

p. 48 / CD22
romani

Zèleno urdon

Accordéon, guitare

La roulotte est souvent associée aux Tsiganes dans l'imaginaire populaire. Pourtant, ceux-ci ne commencèrent à l'utiliser qu'au XIXe siècle. C'est en Albanie qu'on voit apparaître les premiers chariots faisant office d'habitation, généralement tirés par des bœufs. Les roulottes en bois tirées par des chevaux sont appelées verdines (de *vardo*, en romani) et datent de la fin du XIXe siècle. Elles sont construites comme une maison : on accède à une porte par un escalier escamotable et les fenêtres sont habillées de volets. L'intérieur est équipé d'un poêle à bois ou à charbon, buffet, ustensiles de cuisines, lit en alcôve... Par mesure de sécurité, elles sont installées en cercle. Quand un étranger cherchait à pénétrer dans le camp, les enfants formaient un attroupement bruyant autour de lui pour l'empêcher d'avancer. *Les Roulottes, campement de Bohémiens aux environs d'Arles* de Vincent Van Gogh nous donne une image de ce qu'elles pouvaient être. Aujourd'hui, elles sont remplacées par des caravanes, mais chaque famille conserve l'organisation en « U », l'espace central servant de pièce commune.

p. 49 / CD23
romani

Me tut na kamav

Cymbalum, accordéon, contrebasse, guitare

Cette chanson enfantine humoristique des Roms de Slovaquie est surtout destinée à danser. Elle met en avant la violence naturelle et la cruauté enfantine. À travers cette ronde, l'enfant impose à tous amitié et inimitié, celui qui sera le favori ou qui deviendra la risée du groupe entier. Mais le bourreau peut devenir victime ! Réciprocité qui permet d'expérimenter tous les sentiments. C'est une forme de jeu de rôle qui permet ici de rire d'un physique ingrat. Ce type de chanson s'apprend généralement à l'école, mais chez les Tsiganes, la scolarité ne va pas forcément de soi ! Et s'ils comprennent la nécessité de l'école pour apprendre à lire et à compter et éviter ainsi la stigmatisation de leurs enfants, certains redoutent encore qu'elle ne les « détsiganise ».

p. 51 / CD24
romani et roumain

Eu Biboc

Cymbalum, accordéon, contrebasse, guitare

Eu Biboc est une chanson de mariage qui vient de Transylvanie. Cette région du centre-ouest de la Roumanie, délimitée par les montagnes des Carpates, abrite encore aujourd'hui une grande partie de la population tsigane roumaine. *Eu Biboc* accompagne généralement les danses autour du feu. Il n'est pas rare d'entendre les Tsiganes ponctuer leurs chants rapides de percussions corporelles. Ils se servent également de tout ce qu'ils ont sous la main, chaise, table... ou d'ustensiles comme les cuillères en bois. Lors de ma rencontre avec l'interprète de cette chanson, les livres que je venais de lui montrer ont servi de base rythmique. Ils « sonnaient mieux » que la table elle-même ! Et lorsque le tempo est donné, les auditeurs, tous âges confondus, se lèvent et dansent, marquant les pas d'une percussion corporelle musclée : les filles marquent le rythme de sons de gorge ou de langue, les garçons de claquements vigoureux avec les mains et les doigts, sur les cuisses, le torse, les jambes.

Remerciements

Ce nouvel opus n'aurait pas vu le jour sans l'aide, les conseils et le talent des interprètes, des diverses associations qui soutiennent les populations roms au quotidien, et de tous ceux, artistes, universitaires, traducteurs... qui ont participé à cet ouvrage et m'ont permis de dépasser les préjugés et de mieux comprendre cet univers complexe, fascinant et attachant que constitue le peuple rom.

Merci à Bielka dont l'implication auprès des Roms, le travail avec les enfants, restent précieux.

Merci à Raluca, son sourire et son enthousiasme ont fait merveille !

Merci à Pierre et Sophie de « Musiques au comptoir », lieu magique de rencontres et de partages musicaux.

Merci à Bruno Girard pour son talent et ses commentaires avisés.

Merci au Cafézoïde, espace culturel pour les enfants et leur famille qui favorise la citoyenneté, la créativité et le partage.

Merci à Martin Olivera, Aurilène et toute l'équipe de l'association Rues et cités de Montreuil.

Merci à Samia grâce à laquelle j'ai pu rencontrer Tony Gatlif.

Merci à Frédérique et Odile pour leurs relectures.

Merci à Aurore Tirard pour ses relectures et ses conseils.

Merci à Nathalie Pefferkorn pour son soutien, et **à toute l'équipe de Didier Jeunesse.**

Merci à mon complice et ami **Jean-Christophe Hoarau**.

Merci à mes amours **Yannick, Avran et Milena**.

Nathalie Soussana

Aurore Tirard remercie M. Cristian Pădure et M. Marcel Courthiade.